LE FLANEUR

AU SALON,

OU

Mr. BON-HOMME;

EXAMEN JOYEUX DES TABLEAUX, MÊLÉ DE VAUDEVILLES.

A PARIS,

Chez M. AUBRY, Imprimeur, au Palais
de Justice, n°. 37, 38 et 39.

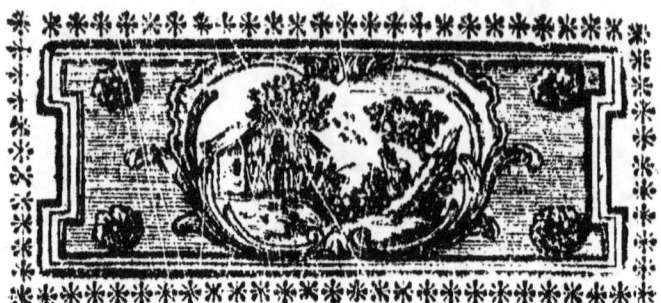

LE FLANEUR
AU SALON,
OU
Mr. BON-HOMME.

PREFACE HISTORIQUE.

Au quatrième étage d'une maison de la rue Jean-Fleury, n°. 27, entre le palais du Tribunat et le musée Napoléon, demeure un 'individu, que ses voisins appellent Monsieur BONHOMME ; mais, qui, dans tout Paris, est plus connu sous le nom *du Flâneur*. On prétend que c'est un cousin-très-germain de M, Muzard. Il est facile à reconnaître à sa perruque ronde, à son chapeau à la Janséniste et à son habit *lie de vin*, bordé d'un passe-poil orange. On ignore quels sont ses moyens d'existence ; mais on s'est laissé dire par quelques receveurs de rentes, qu'il jouit d'un revenu de deux mille francs en tiers consolidés. Comme *d'après son caractère*, il n'est jamais sûr de l'heure à laquelle il rentrera chaque soir chez lui, il porte toujours dans son gousset de culotte, la grosse clef de l'allée de son domicile. Malgré qu'il se couche toujours fort-tard, il sort d'ordinaire assez matin, à moins que quelque dispute entre les marchandes qui passent dans la rue, ou quelque serin échappé, ne le retienne à sa fenêtre ; mais on est presqu'assuré de le rencontrer tous les jours, aux endroits ci-dessous indiqués.

1.º Rue du Coq, depuis neuf heures jusqu'à neuf heures et demie, devant la boutique de Martinet, marchand d'estampes, où il regarde toutes les carricatures.

2.º Vers les dix heures, dans la cour du
Louvre, où il examine, chaque matin, les
progrès des travaux : il ne faut pas oublier qu'il
mesure avec sa canne la longueur des pierres
que l'on met en œuvre, et celle des pièces de
bois que l'on scie ; il s'est aussi donné la mis-
sion d'expliquer à tous ceux qui s'arrêtent,
quand ce superbe monument a été commencé,
par quels rois il a été continué, et il termine
toujours son récit, en disant que, Bonaparte
s'immortalise en le faisant achever.

3.º A onze heures moins un quart, après avoir
inspecté les démolitions que l'on fait sur la place
du Louvre, pour ouvrir une rue qui doit conduire au Carrousel, et dit à chacun, qu'il a vu
commencer et finir le nouvel égout ; il marche
le long de la rue Froid-Manteau, non sans faire
quelques stations devant les marchands d'estampes qui s'y trouvent, parmi lesquels, entr'autre, est une jolie femme, qu'il ne manque
pas de lorguer ; et de-là, se rend au café du
Vaudeville, pour y prendre son chocolat et
lire les journaux. Je serais un historien très-
inexact, si j'ommettais de dire qu'il ne quitte
point la place du Tribunat, sans régler sa

montre sur l'horloge, après avoir, préalable-
ment, lu les affiches des spectacles, qui sont
au bas du trottoir, regardé à quel point est la
restauration de la fontaine du château d'eau, et
s'être assuré si tous les fiacres sont numérotés
nouvellement, et d'après les ordonnances de
police.

4.º Il reste à-peu-près une heure et demie
au sus-dit café, pour savoir les nouvelles du
théâtre. Comme il est assez connu des acteurs,
il leur demande quelle pièce nouvelle on ré-
péte, si l'auteur en est connu, si madame
Bellemont y jouera, si Julien y a un rôle de
de petit-maître, si l'on sait le véritable nom de
monsieur Bernard, de Versailles, si...., si....,
si...., etc.

5.º Sur les midi et demi, il s'achemine vers
les Tuileries, donne son coup-d'œil à l'arc
triomphal, qui doit en orner l'entrée : va voir
sur la terrasse des Feuillans, si la grille qui
doit border la rue de Rivoli, est augmentée de
quelques toises ; gagne la place Vendôme, et
cherche à deviner à travers les planches, ce
que l'on veut y construire ; traverse l'enclos
des Capucines, pour se rendre compte des
progrès de la démolition.

6.ᵉ **A** deux heures environ, il est sur les Boulevards, qu'il suit jusqu'au passage du Pano-rama : il a passé en revue chaque boutique, a examiné tous les nouveaux bonnets, tous les nouveaux romans, tous les nouveaux joujoux, toutes les nouvelles romances, tous les nou-veaux peignes à chignon, toutes les nouvelles voitures, toutes les nouvelles jolies marchan-des de mode et toutes les nouvelles enseignes; il n'oublie pas, quoiqu'il ne soit pas espion de police, de remarquer les endroits mal pavés, les maisons de jeu effrontément numérotées, les auvents pourris et les pots de fleurs dange-reusement placés sur les fenêtres.

7.° A quatre heures à-peu-près, il entre chez Maréchal, traiteur, rue S.t Thomas-du-Louvre, pour y faire un bon dîner, qu'il paye un peu cher; mais la bonne société l'y décide : il s'est assuré, avant de prendre son repas, si madame Catalani chante, si Elléviou rentre, si Duport danse dans un nouveau ballet de sa composition, si Picard fait une nouvelle co-médie, et si les huitres sont fraîches.

8°. A dîner il se trouve à table, entre un auteur du vaudeville, et un commis de la

poste, et vis-à-vis d'un officier et d'un rédac-
teur de journal. Après avoir mangé son potage
à la jullienne, son filet d'aloyau, et du frican-
deau à l'oseille, il s'amuse avec des artichauds
frits, en attendant l'omelette soufflée qu'il a
commandée en entrant, et qu'on ne lui sert
qu'à la dixième fois qu'il la redemande, c'est-
à-dire, vers les cinq heures. C'est pendant cet
entr'acte forcé qu'il écoute les différentes conversations des assistants, si l'on peut appeler
conversation les discours de vingt personnes
qui parlent à-la-fois selon leur sens, avec des
poumons de stentor, et sans attendre de ré-
ponse. Joignez à cela le mélange des demandes
de vivres de toute espèce, les cris de la maî-
tresse de la maison, les interruptions causées
par les garçons qui vont d'une table à l'autre,
et l'on jugera du charivari qui règne dans
une salle de restaurateur. Cependant M. Bonhomme, tout en buvant sa bouteille de vin
de chably, entend l'auteur annoncer la ruine
totale du bon goût par la décadence du genre
de l'arlequinade. Plus d'arlequin, dit-il, plus
de bonnes parodies; plus de bonnes parodies
et la France retombe dans la barbarie. Un tel

malheur, n'est pas à craindre, répond le
commis de la poste; tant que nous aurons le
rocher de cancale, le journal des gourmands,
et M. Grimod - de - la - Reynière, la nation
française se maintiendra à sa hauteur. Oui,
interrompt le journaliste, mais il faut aussi
que mes quinze mille abonnés ne s'en rapportent
qu'à mon feuilleton, sur la réputation et le
mérite des ouvrages et des acteurs nouveaux :
qu'ils adoptent aveuglément mes opinions sur
les théâtres, sur les maisons d'éducation, sur
les traductions en vers et en prose, sur les
nouveaux ballets, sur les mélodrames du
théâtre de la Gaité que j'estime plus que les
Templiers, et que la mort d'Henri IV; enfin,
sur les nouvelles politiques dont... dont vous
ne parlez pas avec plus d'esprit que du reste,
ni avec plus de franchise, s'écrie à son tour
le militaire indigné. Mille bombes, si j'étais
le cousin de plusieurs acteurs ou actrices *que
je ne nomme pas*, mais que vos diatribes ont
forcé ou forceront à quitter la scène, dont ils
soutenaient la gloire; si j'étais le beau - frère
d'un ou de plusieurs hommes de lettres en
places éminentes, *que je ne nomme pas*, mais

que vos critiques grossières ont abreuvé d'a-
mertume : si j'étais le neveu d'un abbé octo-
génaire, connu parmi tous les honnêtes gens,
pour un homme de mérite très-estimable, *que
je ne nomme pas*, mais que vous avez traité
de mauvais écrivain, de valet de Voltaire, de
charlatan politique, de veillard insensé, plattes
invectives, mais peu dangereuses, si vous ne
l'aviez taxé d'être un de ces mauvais prêtres,
coupables des plus grands excès de la révolu-
tion, un insigne faussaire, un malhonnête
homme, etc.... et tout cela d'autant plus faus-
sement que votre exécrable bile ne s'est al-
lumée contre lui qu'à l'occasion d'un article
inséré dans un autre journal *que je ne nomme
pas*, article dont-il n'était pas l'auteur, ce dont
vous eussiez dû vous assurer avant de vous
ériger à son égard en rapporteur de tribunal
révolutionnaire, si, dis-je, j'avais le plus petit
dégré de parenté avec une de ces malheu-
reuses victimes de votre cynisme effronté, je
ne partirais pas pour une nouvelle campagne
que je ne vous eusses traité comme Ulisse
traita Polyphême, après vous avoir rogné les
griffes, et coupé les oreilles.

Le jour où M. Bonhomme avait été témoin
de cette petite scène dialoguée, il avait pris
dès le matin la résolution de faire un petit
journal de ce qu'il verrait ou entendrait de
plus curieux pendant la durée de sa carrière
flânante, pour remplir le vuide de ses heures
d'insomnie. Le piquant du dialogue ci-dessus
le confirma dans cette idée utile que lui avait
fait naître l'approche de l'ouverture du salon
des peintures. Il sentait d'avance une joie in-
dicible de cette nouvelle occasion, que l'exposition allait lui fournir, de flâner pendant
six semaines; et résolut de faire connaître dans
son premier numéro, son caractère et ses
habitudes, pour que l'on pût juger de la valeur
de ses observations; mais revenons à la fin de
l'emploi habituel de sa journée.

9.° En sortant de chez le restaurateur, il va
au café Lecuy, rue du Coq, prendre sa demi-
tasse et son petit verre. Ce café est la réunion
des peintres anciens et modernes de l'académie, et de leurs élèves. Là il est souvent
témoin de discussion sur la peinture, sur le
mérite des peintres et sur les critiques qu'ont
essuyé les meilleurs ouvrages. Il y entend aussi

révéler les secrets des différentes cabales et
cotteries. Parbleu, dit un vieux professeur, il
est bien étonnant qu'un jeune blanc-bec ait
quatre ou cinq tableaux de commande, tandis
que moi qui ai manqué six fois d'être président
de notre académie, je ne puis venir à bout de
vendre ma superbe bataille de Cannes que
j'ai faite il y a trente-sept ans pour ma réception. Taisez vous donc avec vos cannes, lui
répond un marchand d'estampes, il y a long-
temps que ce commerce là ne va plus : aussi
j'ai pris les caricatures, c'est ça qui rend. J'ai
tous les *Brunet*, tous les *Tiercelin*, tous *les
George* mâles et femelles, *les Pitt*, et les
gourmands, il ne faut pas oublier les *désa-
grémens d'aller à pied, à cheval, en voiture
et en ballon*, de sorte que l'on ne saura bientôt
plus comment sortir de chez soi. Ma foi, dit
un jeune homme dans son coin, de manière
à être entendu, quoiqu'il semble parler bas
à son ami, « Je suis connu pour être excessi-
» vement modeste, mais en honneur, je crois
» que le tableau que j'expose cette année ne
» sera pas le plus mauvais du salon. Mon sujet
» est délicieux, mon dessin pur et correct,

» mon coloris enchanteur, je ne crains réel-
» lement qu'une chose : -Eh ! quoi donc?- c'est
» d'être placé dans l'escalier ou dans quelque
» coin bien noir. Je m'y attends, j'ai une
» cabale affreuse contre moi, on cherche à
» me dégoûter, je n'ai pas d'appui comme
» M. un tel, ou Mme. chose. Moi je fais mes
» tableaux moi même je ne demande de con-
» seils, ni ne fais ma cour à personne, et cela
» donne de l'humeur.

On conçoit que de pareilles conversations
ne laissent pas que de faire rire M. Bonhomme
qui n'en va pas moins finir sa soirée ailleurs,
ainsi.

10.° Il traverse le Carousel et le Tuileries,
jette un coup-d'œil de satisfaction sur la nouvelle Atalante, qui remplace celle que la chûte
d'un arbre avait brisée ; s'arrête un moment
sur la place Louis XV, pour examiner les
signes du thélégraphe de la marine, quoiqu'il
n'y comprenne rien : il dirige ensuite sa pro-
menade dans les Champs - Elysées, par les
contr'allées du *café des Ambassadeurs* ; là,
il considère, en riant, une petite marchande
de cure-dents et de jarretières, qui finira par

vendre autre chose ; un gros rentier qui digère
un dîner d'un petit écu, qu'il vient de faire
chez le Doyen ; un petit-maître efflanqué, qui se
place sur la balance mécanique, et qui, avec
tous ses habits, ne pèse pas 120 livres : il est
vrai que c'est un jeune commis marchand, qui
a perdu, le matin, trois mois de ses appoin-
temens au n.º 113, au grand détriment de son
tailleur, de son cordonnier et de son traiteur,
auquel il doit six semaines de nourriture, à
raison d'une livre cinq sous par repas.

Tout en flauant ainsi, M. Bonhomme arrive
à l'Etoile ; il a cependant fait quelques pauses
devant les jardins élégans et les bastringues
joyeux, où le peuple, le militaire, le bour-
geois et les grisettes vont danser à trois sous le
cachet, sans compter la consommation. Il remarque qu'une mise décente y est de rigueur :
aussi, à cela près de quelques bonnets de laine,
de quelques casaquins déchirés et de quelques
paires de sabots, le fin escarpin, le spencer
de Silésie, et le *chapeau de paille à l'invisi-*
ble y brillent avec presqu'autant d'éclat, que
dans les salons de Frascati. Enfin, il est au
pied des immenses fondations que l'on a creu-

sées pour élever un monument à la gloire des
héros d'Austerlitz : il admire avec quelle
adresse et quelle facilité on y place des quar-
tiers énormes de roche, que les ouvriers, nouveaux Amphions, y amènent en chantant, et
qu'ils semblent remuer comme avec le doigt;
il redescend par le côté des jeux de *siam*, de
quilles, de *bagues*, de *paume* et de *cochonet* :
il ne peut résister à l'attrait que ce dernier jeu
a toujours eu pour lui; il s'arrête, écarte les
deux jambes, pose ses deux mains sur la
pomme de sa canne, et le menton fixé sur ses
dix doigts, son œil avide, suit avec inquiétude
la boule du joueur, pour lequel il s'intéresse.
Survient un coup douteux, aussitôt un groupe
d'amateurs entourre les champions; mais, si-
tôt que ceux-ci reconnaissent M.ʳ Bonhomme,
ils le prennent pour juge : il refuse modeste-
ment; mais enfin, cédant aux instantes solli-
citations des anciens compagnons de sa gloire,
il s'approche gravement, ploye avec quelque
difficulté ses reins, que la vieillesse n'a pas
encore pu parvenir à voûter, et ramassant une
longue paille, il mesure exactement les dis-
tances, et prononce avec impartialité.

11.° Il se décide à passer le reste de sa soirée au spectacle ; après avoir payé son billet de parterre, il s'arrête auprès de la boutique du libraire, feuillete les huit ou dix premières pages d'un roman de Pigault-Lebrun, qui le font rire tout seul aux éclats : lit la première scène d'une comédie nouvelle, qui le fait bailler ; achète le journal et monte à sa place. On vient de lever la toile, et monsieur Bonhomme rit des calembours de Brunet, en s'écriant : *Ah ! que c'est bête !* des gestes poissards et comiques de Tiercelin, en disant : *Ah ! qu'il est farce !* et du parler gascon de Bosquier-Gavaudan, en répétant : *Ah ! qu'il est drôle !* Il demande le nom de l'auteur, on lui dit qu'ils sont trois, —— Ah ! ah ! c'est bien peu ; —— mais il n'y en a que deux qui aient fait le plan, le dialogue et les couplets : —— Et qu'a donc fait le troisième ? —— Oh ! tout le reste, il a lu la pièce au comité, il l'a fait recevoir, il a présidé à la copie des rôles, il a porté les deux manuscrits à la censure, il y a retourné dix fois pour les rechercher, il a assisté à toutes les répétitions, a donné ses conseils aux acteurs, qui en ont ri quelquefois, il a retenu la pièce par cœur, l'a récitée dans vingt sociétés, comme de lui, et l'a tant prônée, qu'il a failli la faire tomber, il a organisé la cabale des amis et leur a distribué leurs billets suivant leur capacité, et après leur avoir indiqué les endroits où il faut applaudir, et ceux où il faut se tenir sur ses gardes. — Peste! voilà un homme très-utile, et que l'on pourrait appeler le nécéssaire, comme dans un impromptu de Molière : — Oh! on l'a nommé bien mieux que cela : — Et comment donc? — Demandez à Geoffroy, car c'est son parrain. — Vous êtes bien discret, mais n'importe, je veux vous faire part d'une idée qui me vient. Quoiqu'un homme aussi agissant, soit d'un grand secours à des auteurs parresseux de démarches, il me semble qu'ils pourraient faire un forfait avec lui pour chaque pièce, au lieu de lui abandonner un tiers d'honoraires dans l'ouvrage, ce qui doit être fort onéreux si l'ouvrage réussit ; d'ailleurs, il y gagnerait toujours, car il pourrait en conduire plusieurs de front : — Vous avez raison, mais au lieu de lui faire part de votre projet, je lui ferai sentir qu'il a assez d'esprit pour faire quelque chose de bon à lui seul, afin de réparer ces petits écarts de jeunesse, qui lui ont donné un ridicule qu'il lui était très-facile d'éviter.

12.º Et enfin, M. Bonhomme, en sortant du spectacle, va au café militaire pour prendre du riz au lait son souper habituel : il regarde ensuite si la pendule du café est d'accord avec l'horloge du Tribunat, si le baromètre annonce du beau ou du mauvais tems, afin de se régler l'à dessus pour prendre le lendemain sa canne ou son parapluie de taffetas flambé. En suite il termine quelquefois sa soirée par une partie de dames, après quoi il va se coucher.

Le jour où cet illustre flâneur me donna lui-même tous ces détails sur son propre compte, il me dit, comme je veux mon ami vous former dans l'art aussi amusant qu'utile de la flânerie, j'espère que vous voudrez bien m'accompagner au salon. Je vous ferai part de mes petites réflexions que vous rédigerez en prose ou en couplets, ainsi qu'il vous plaira, et du moins mal qu'il vous sera possible. Six semaines régulières de ce petit exercice, vous mettront à même de me succéder avec honneur; quand je ne

serai plus, vous en formerez d'autres et par
ainsi:

La race des flâneurs ne périra jamais.

C'est-ce que je vous souhaite, etc... Bon soir.

Et voilà ce qui a donné lieu à ce premier
numéro, puisse-t-il être bien accueilli, et
suivi d'un deuxième, d'un troisième, d'un
quatrième, et même d'un centième.

RECUEIL

Des petites Reflexions de M. Bonhomme pendant les deux ou trois premiers jours de l'Exposition.

N°. 241. GROS.

Charge de cavalerie, exécutée par le Général Murat, à la bataille d'Aboukir.

Mes pareils à deux fois ne se font pas connaître,
Et pour des coups d'essais veulent des coups de maître.

Ce tableau ne dément nullement la grande idée que le jeune peintre avait donné de son talent, par l'exposition, au dernier salon, de son tableau *des pestiférés de Jaffa*; ensemble, détails, composition tout y est en harmonie.

Nota. Nous n'avons suivi dans ce recueil des réflexions de M. Bonhomme, ni l'ordre alphabétique du livret, ni ni celui des numéros.

et décèle le pinceau d'un grand maître, la
terreur et la déroute des vaincus, la mâle au-
dace des vainqueurs y sont représentées d'une
manière sublime; mais ce qui flatte d'avantage
c'est l'expression guerrière et le courage calme
qui règnent sur la figure du héros qui fait le
principal objet de ce tableau. Quel beau sujet!
Mais quel autre que GROS pouvait le conce-
voir et l'exécuter ainsi ?

Air: *De Dorilas.*

Honneur à l'artiste énergique
Qui sait ennoblir ses travaux,
Et sur une toile magique,
Nous retracer tant de héros.   (bis.)
Dans la noble ardeur qui le guide,
Chacun l'admire avec raison ;
L'artiste qui peignit Alcide,
Dût seul peindre son compagnon.

Ce que l'on pourrait seulement observer à
ce nouvel Apèles, c'est le trop de régularité
que l'on remarque dans l'habillement du Général, puisqu'il est certain, que dans la charge
de cavalerie dont il est question, le prince
Murat, au fort de la mêlée, entouré de car-

nage, s'exposant lui-même aux plus grands
dangers, avait plus de désordre dans son cos-
tume qu'on n'en observe dans le tableau de
Gros, mais ce léger défaut, qui est la suite de
la précipitation avec laquelle il compose ses
sujets, est loin de nuire au beautés qui font
le mérite de ce nouveau chef d'œuvre, et qui
assigne à son auteur une place distinguée parmi les Grands-Maîtres de l'École Française.

No. 272. INGRES.

S. M. l'Empereur sur son trône.

Air : J'ai vu partout dans mes voyages.

On dit que le vainqueur d'Arbelles,
Dont on fit tant de sots portraits,
Défendit qu'un autre qu'Apelles
Se mêlat de peindre ses traits :
Moi qui chéris à toute outrance,
L'illustre Vainqueur d'Austerlitz,
Je dis : Quel malheur pour la France,
Qu'il n'ait pas fait de tels édits !

No. 132. Mlle. de COURCELLES.

Dessins d'oiseaux, sur vélin.

Cette demoiselle qui demeure rue des poules, semble s'être entièrement destinée à peindre les habitans des basses-cours, j'en suis faché pour le genre qu'elle a choisi, mais malgré la *légéreté* de ses modèles, ses dessins ne *voleront* pas jusqu'à la postérité.

N. 362. Mlle. LORIMIER.

Jeanne de Navarre.

Air: *De la pitié filiale.*

Que cet enfant est enchanteur
Et combien sa mère a de charmes,
Chacun voudrait sécher ses larmes,
Chacun voudrait adoucir sa douleur,
Oui ce tableau jette notre ame
Dans un doux attendrissement,
Ah ! pour peindre aussi bien le sentiment
Il n'est que le cœur d'une femme.

N°. 427. PROT.

Le songe d'Alcione.

C'est un *problême* , pour moi, que la réception de ce tableau au salon qui en est *profané*. Si le Jury s'est *prononcé* en sa faveur , il faut qu'il ait été fortement *protégé* , ou que ce soit l'effet d'un *prodige*. Il n'y a pourtant pas de quoi crier au miracle !. de la monotonie , une figure de Ceix qui ressemble beaucoup à une statue de plâtre sale placée sous une goutière par un tems de pluie ; une Alcionne sans grâce , couverte d'une draperie qui ne produit aucun effet , si ce n'est un effet...désagréable ; une gorge couleur bronze d'oré , et semblable de ton avec une petite figure de ce métal placée sur un pied-d'estal en face du lit , un fond grisâtre qu'on prendrait pour de la fumée et dans lequel on entrevoit, je crois, un gouvernail , et un bout de bateau de pêcheur.

M. Prot , pour nous ménager une surprise , a attendu que le salon fut ouvert pour placer son tableau , mais il aurait dû attendre qu'il fut fermé , tout le monde y aurait gagné , le public et lui.

Nº. 307, LANGLOIS, père.

Une leçon de sourds-muets ; l'Instituteur enseigne à un de ses élèves à articuler des mots : Les personnages qui entourent le maître sont tous sourds-muets.

Quelle roideur dans toutes ces figures ! Comme leurs attitudes sont peu naturelles, en vérité on dirait des ombres chinoises, surtout par l'effet du tableau noir qui sert de fond à cette conception vraiment sublime.

Air : *Vaudeville de l'avare.*

Dans ces grotesques personnages,
On cherche envain quelque talent,
Dans l'ensemble, sur leurs visages
Tout est froid et sans mouvement. *bis.*
Bien à tort la cabale beugle
Pour défendre ces sourds et muets,
Le public les trouve mauvais ;
Et le public n'est pas aveugle,

Nº. 308. Par le même.

Une jeune fille demandant l'aumône.
Pauvre jeune fille !... Comme elle a dû mendier, pour arriver jusqu'au salon.

~~~~~~ ~~~~~~~ ~~~~~~ ~~~~~~

Nᵒ. 39. BIDAULD, (Xavier) ainé.

Un Paysage, clair de Lune.

Beaucoup de mine de plomb délayée avec
du noir de fumée, une lune qui ressemble à
un pain à cacheter appliqué sur la toile, tel
est le paysage de M. Bidauld, et certes ce
n'était pas la peine de lui faire faire 100 lieues
pour l'envoyer de Lyon, échouer au Musée
Napoléon.

~~~~~~ ~~~~~~ ~~~~~~ ~~~~~~

Nᵒ. 352. LEROI, (de Liancourt).

S. M. l'Empereur visitant les environs du
château de Brienne.

Air: *Des simples jeux de son enfance.*

Des bons amis de son enfance
Heureux qui se souvient longtems,
Et qui mêle la bienfaisance
Aux travaux les plus importans ;
Dans son ame sensible et pure

Il retrouve encor le bonheur :
Les plaisirs vrais de la nature
Sont le repos de la grandeur,

N°. 63. BOVAR.

Plusieurs dessins d'oiseaux.

Voici encor un peintre qui s'est entièrement consacré au genre *élevé* et qui un jour
peut prétendre à peindre l'histoire.... natu-
relle. On a généralement trouvé ses portraits
ressemblans et il ne manque, dit-on, à ses
personnages que la parole.

N°. 121. Mme. DABOS.

Deux jeunes personnes sur une terrasse, regardant au travers d'un télescope.

Les défauts de ce tableau sont tellement
visibles, qu'il n'est pas besoin d'un télescope
pour les voir.

No. 360. LIBOUR.

Mamelouck mourant de faim dans le désert.

L'enfant.

Ah! Mon Papa; qu'est-ce que c'est donc que ce Monsieur, qui est couché là au-dessus de la porte et qui tient un morceau de viande sous sa main ?

Le Père, après avoir regardé dans le livret.

C'est un homme qui se meurt de faim.

L'Enfant.

Mais pourquoi ne mange t-il pas cette viande crue ?

Le Père, regardant avec sa lorgnette.

Mais, mon ami, ce n'est point de la viande. Je crois, je n'en suis pas sûr, que c'est un mouchoir-Madras avec lequel il s'essuie les yeux, ah! non! non! c'est la manche de sa veste. Mais passons, il est couché, laissons le dormir.

N°. 207. Joseph FRANQUE.

Alceste.

Que faites vous donc, M. Hercule?

Hercule.

Mme., je vous arrache des enfers,

Alceste.

Ah! bien obligé, car il y faisait trop chaud.

Hercule.

Vous serez plus au frais sur cet escalier.

Alceste.

Vous avez raison; mais pourquoi détournez vous la tête? vous n'êtes pas Orphée, et je ne suis pas Eurydice.

Hercule.

Je le sais bien, mais c'est que je jette un dernier regard aux puissances infernales.

Alceste.

A la bonne heure, mais il fait bien sombre ici, est-ce que nous y restons?

Hercule.

Sans doute !

Alceste.

Eh ! pourquoi ?

Hercule.

C'est le jury qui l'a voulu.

Alceste.

Le jury !

Air : *J'étais bon chasseur autrefois.* (de Florian.)

Mais je le trouve bien plaisant,
Laisser une femme à la porte !
Ce procédé n'est pas décent,
Autant valait me laisser morte.
Il est dur, soit dit sans détour,
Lorsque l'on sort du cimetière,
D'arriver aux portes du jour
Et de ne pas voir la lumière.

~~~~~~~~~~~~~~~~~~~~~~~~~

N.° 264. ISABEY.

Visite de S. M. L'Empereur à Jouy.

Air : *Le magistrat irréprochable.* (Mme. Guillaume.)

Gros sait de son pinceau sévère,
D'un héros peindre les hauts faits, *

---

* On n'oubliera jamais le tableau de la peste de Jaffa.

Ici d'une main plus légère
Isabey trace ses bienfaits :
Quelle frappante ressemblance
Règne en ce dessin enchanteur !.....
Mais sa bonté, mais sa vaillance
L'ont mieux gravé dans notre cœur.

Air : *Trouverez-vous un parlament.*

D'Oberkampf l'esprit inventeur
Jalouse Albion t'importune,
Il entre au temple de l'honneur,
Par la porte de la fortune,
De ses ateliers les succès
Rendent son commerce prospère !
« Sans verser le sang des Français, »
« Il te fait bonne et sûre guerre. »

~~~~~~~~~~~~~~~~~~

Nº. 330. LE-BOULANGER.

Les reproches d'Hector a Paris.

Ce tableau n'est pas *d'une bonne pâte !*

Air : *On compterait les diamans,*

On pourrait compter tous les flots
Qui se brisent sur le rivage ;
Mais comment compter les défauts

Que l'on remarque en cet ouvrage ;
Assurément, Pâris à tort !
D'Hctor j'approuve la colère ,
Mais au peintre il aurait encor
Bien d'autres reproches à faire.

~~~~~~~~~~~~~~~~~~~~~~~~~~~~~~~~

N°. 223. Par GIRODET.

Scène du Déluge , une famille prête à être
engloutie.

Air : *Vaudeville de ouï et non.*

Dans ce vaste salon des arts
Où le bon-goût rarement brille,
Que montre-t-on à nos regards ?
D'ennuyeux portraits de famille
Par un déluge de bons mots.
Je voulais..... Mais plus de grabuge,
Dans ce déluge de tableaux
J'ai vu surnager le déluge.

Sujet effrayant, et qui ne peut passer qu'à
la faveur du talent avec lequel le peintre l'a
exécuté.

——————————————————————

Déposé à la Bibliothèque Impériale.

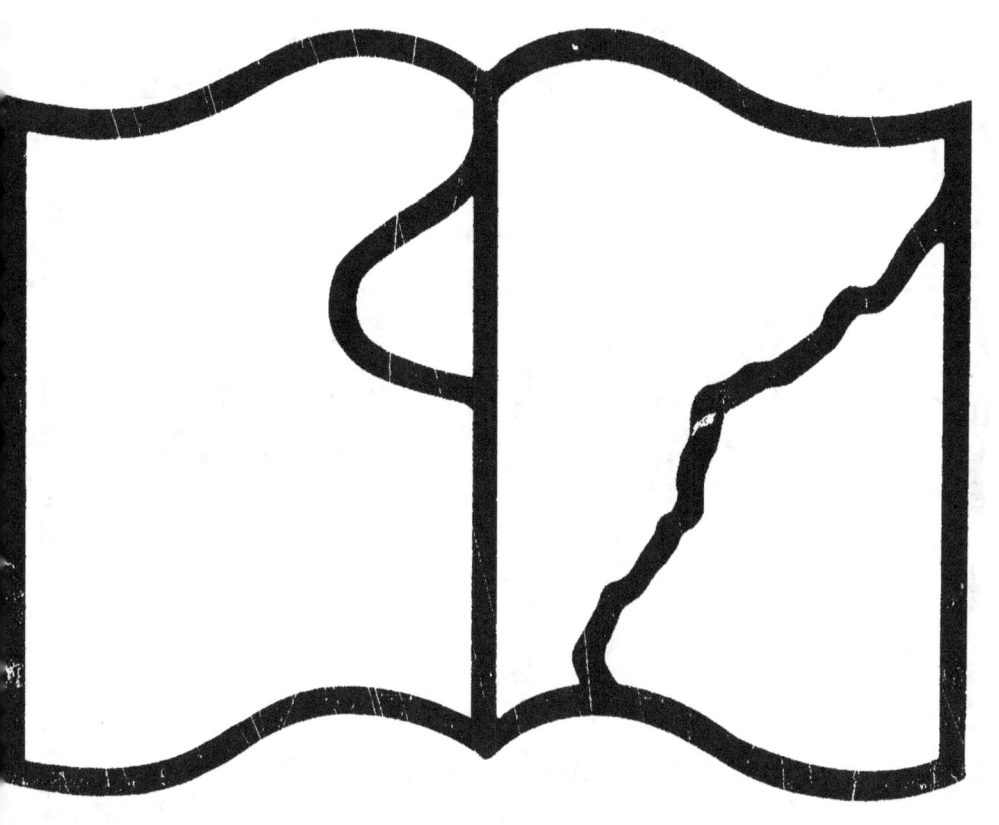

Texte détérioré — reliure défectueuse

NF Z 43-120-11

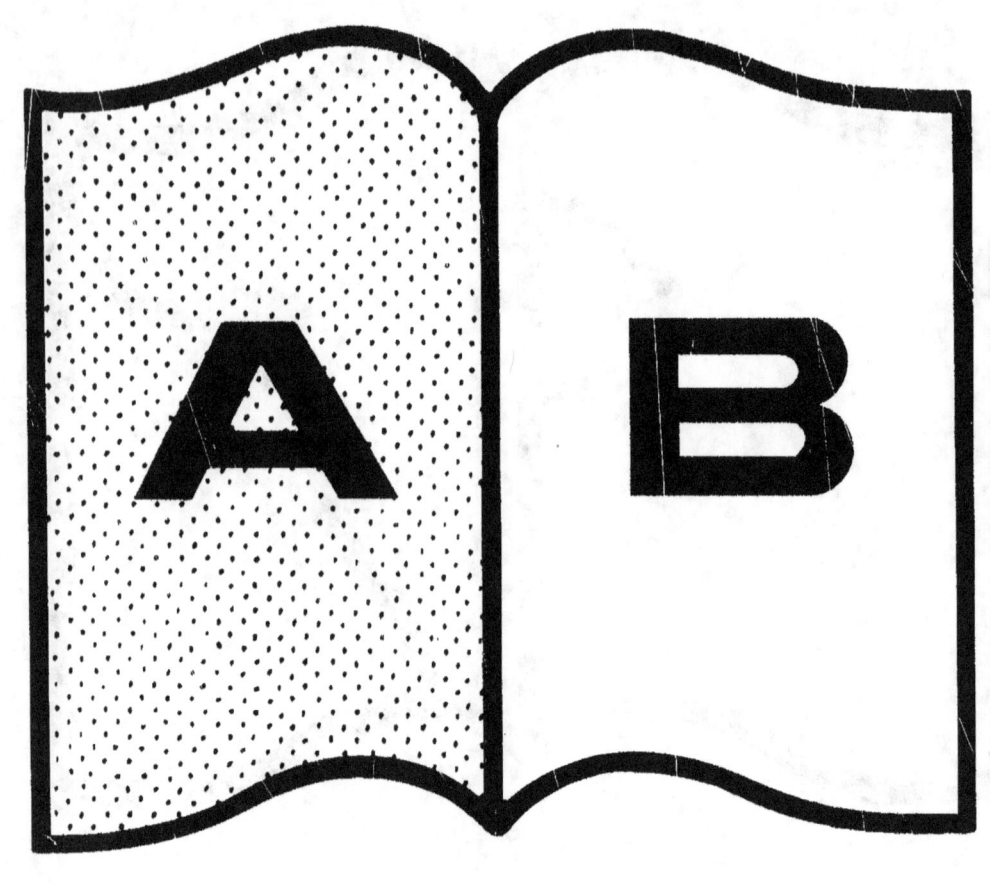

Contraste insuffisant

NF Z 43-120-14

www.ingramcontent.com/pod-product-compliance
Lightning Source LLC
Chambersburg PA
CBHW030120230526
45469CB00005B/1730